Rafael Andrade dos Santos

Poesia Carnal

Rafael Andrade dos Santos

Poesia Carnal

somente as palavras podem me curar da doença da vida

JustFiction Edition

Imprint

Cover image: www.ingimage.com

Publisher:
JustFiction! Edition
is a trademark of
International Book Market Service Ltd., member of OmniScriptum Publishing Group
17 Meldrum Street, Beau Bassin 71504, Mauritius

Printed at: see last page
ISBN: 978-620-0-10966-8

Poesia Carnal

Somente as palavras podem me curar da doença da vida.

Nota do autor

Meu caro e amigo leitor deste meu sofrível nascimento literário,

Venho antes de tudo lhe informar que: as palavras não cabem no peito, o sentimento é único e indivisível; a verdade é uma certeza mentirosa; e a lágrima é um escorrimento do incabível.

A poesia não é palpável, não tente agarra-la, mesmo que use as mãos não conseguirá toca-la, mesmo que a tente prender em suas razões, ela ainda, se fará livre de suas amarras. Assim como o espelho dos olhos, ela dirá muito de ti, e em muitas ocasiões não será boniteza, porém necessidade, pois ela é o contrário do não viver.

Desta maneira, cada leitura é nascimento, é se parir vez por vez, é incrementar ou escrementar o ser, é o duvidar e o crer no mesmo dia, digo então, que essa é a poesia, um pedaço do todo que se constitui só dela, sofrer, amar e morrer, tudo há de ser transformado nela, digo eu que quando morrer, meus restos farão poesia em forma de flor ou de alegria estomacal nas minhocas famintas por minha gostosura.

Com isso dito, já despido,

A ti desnude-te,

Enquanto se lê.

Com os melhores cumprimentos deste autor,

Rafael Andrade

Sumário

IV

V

I

Sobre a carne e a psiquê

É cedo, lavo meu corpo antes podre.
Imundo, no contato com o mundo apodreceu,
Visto minha carne rotineira, na mascara o riso e a olheira,
Do dia, da tarde, da noite, na madrugada é sonho ou pesadelo,
Levanto-me do leito.

No estopim das tristezas, sou só eu em meio ao mundo.
Mesmos os amigos, mesmo o amor, mesmo o destino,
Nada pode amparar o peso da alma doente,
A carne é forte, mas a dor pesada.

E no meio de toda essa tormenta as patologias.
Transtornos de ansiedade, fóbicos, traumáticos e compulsivos,
Obsessiva depressão bipolar vê meu eu esquizofrênico
[agonizando, perambulando no pânico].

Entardeceu.
Lavo meu corpo antes podre.
Foi no toque forçado, gritos e sangue.
Morreu mais um amigo meu, e embaixo da terra os vermes,
Comem seu corpo morto e expurgam sua existência.

Anoiteceu.

E no transitar dos andantes, na ida pra casa,

Pra clínica daqueles que captam o ego, no gesto do gozo,

Chego quase cadáver, disserto preferia sem quase,

Suicídio supremo ainda é sobreviver.

Lavo meu corpo podre.

Adormeço na penumbra.

Na madrugada é sonho ou pesadelo.

Cardiomiopatia

O sangue que antes pulsava, agora escorre.
E o que em outrora foste forte quebrou,
A dor que nem existia, eclodiu lancinante.
E os rasgos no peito expondo meus medos,
Viajando em um pesadelo a procura de amor.

Orbitando ajuda e pedindo socorro, resisto.
Enquanto as lacerações se aprofundam,
Por quanto tempo há de durar o fluxo sanguíneo?
Vermelho é tudo que vejo! Vermelho!

A pupila revela o restante do tempo,
Dilatando a alma da vida que resta.
E dentro do obscuro nada se pode ver,
Apenas ouvir um eco, uma voz e um eco.
Na melodia do fim, vasculhando no eu,
Cada pedaço que sobrou é remendo.

Na insuficiência do ventrículo finalmente me rendo,
E dou o meu ultimo respiro.

Afinal, como iria saber que poderia morrer de coração partido?

Noite Estrelada

Cai a noite estrelada
No restante que sobra do dia
Olho o reflexo no espelho
E não vejo ninguém.

Ando a caminho do sonho
Deito regado a saudade
Penso naquilo que sou
E não consigo dormir.

Olhos fechados de culpa
Alimentando a pura insônia
Devo cair na madrugada
Ou devo levantar da cama?

Passos, posso ouvir, passos.
Não são os meus, não são.
Correntes se arrastam,
Essas, são as minhas, sei.

Vai a noite estrelada
Nasce o sol radiante

Mais um dia se foi

Outro nasceu.

E mais uma vez,

Não consigo viver.

O ponteiro e a valsa

Agora são duas horas desta madrugada,
E me pego pensando no futuro.

Um dia poderei viver sem pensa-lo?
Tanto peso dou a algo que não existe,
Que decerto, nem eu mesmo poderia carregá-lo.

O ponteiro avança em sua valsa,
E agora estou no futuro do verso passado,
Quem dera pudesse recuperar esse tempo,
Sem perder mais do meu tempo tentando ganha-lo.

Minhas reflexões se intensificam,
E diferente do relógio que sempre gira,
Me pego parado na valsa da vida.

Então respiro, penso e não existo,
Pois mesmo estando de posse do meu presente,
Ainda temo pelo meu ainda inexistente futuro.

Mergulhado no ócio

Numa chuva de ócio me afogo,
Nessas gotas que
se derramam sem afago.

E se calam na minha pele,
escorrendo do ódio,
da insana e insistente voz, que dita:
não há sossego, não há tempo.

E nessa silenciosa batalha,
Me perco nas profundezas,
Sem movimentos,
sem sono, sem nada.

Sinto-me pesado
E despedaçando-me;
pois sei, dizem que o ócio
é a morte desses tempos.

Devo me levantar da cama?
Mesmo doente,
Cansado e dormente?

O trabalho não espera,
a hora, não mente.

No meu pensamento
Dou passos, caminho;
Mas a pedra, mais uma vez,
não me deixa levantar.

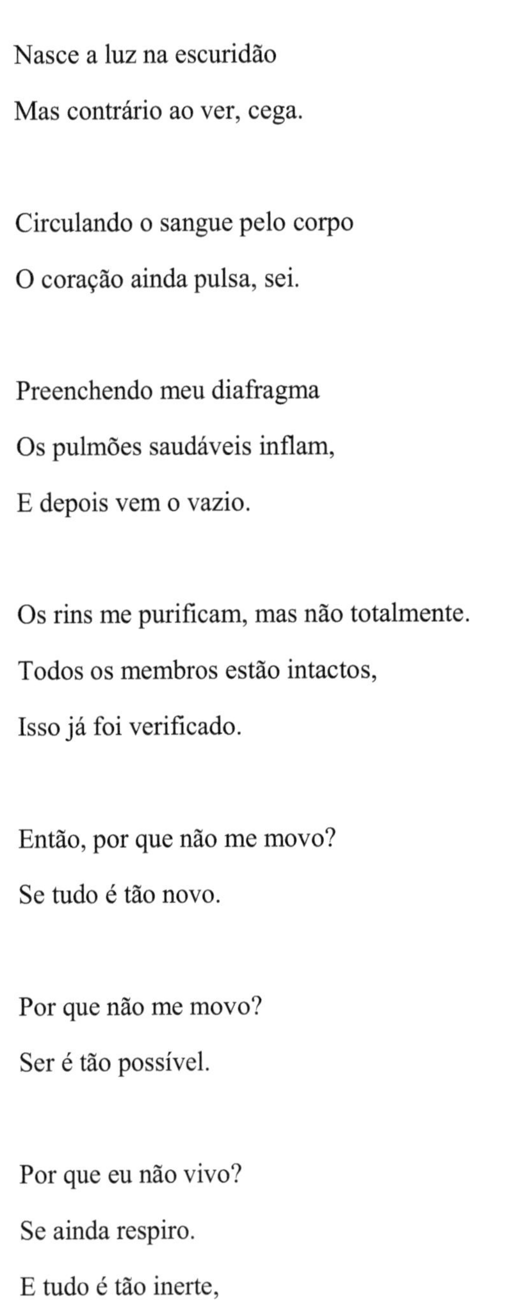

Inércia

Nasce a luz na escuridão

Mas contrário ao ver, cega.

Circulando o sangue pelo corpo

O coração ainda pulsa, sei.

Preenchendo meu diafragma

Os pulmões saudáveis inflam,

E depois vem o vazio.

Os rins me purificam, mas não totalmente.

Todos os membros estão intactos,

Isso já foi verificado.

Então, por que não me movo?

Se tudo é tão novo.

Por que não me movo?

Ser é tão possível.

Por que eu não vivo?

Se ainda respiro.

E tudo é tão inerte,

Inerte.

Limite

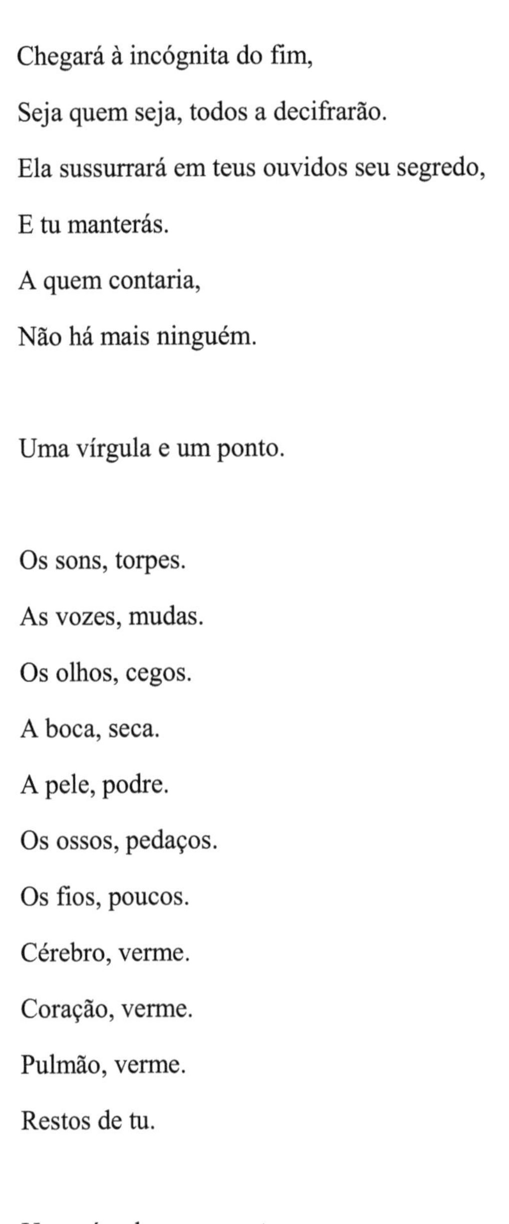

Chegará à incógnita do fim,

Seja quem seja, todos a decifrarão.

Ela sussurrará em teus ouvidos seu segredo,

E tu manterás.

A quem contaria,

Não há mais ninguém.

Uma vírgula e um ponto.

Os sons, torpes.

As vozes, mudas.

Os olhos, cegos.

A boca, seca.

A pele, podre.

Os ossos, pedaços.

Os fios, poucos.

Cérebro, verme.

Coração, verme.

Pulmão, verme.

Restos de tu.

Uma vírgula e um ponto.

Se viver é poesia,

O poeta também chegará ao seu verso final.

Sei!

A vida é vírgula, até certo ponto.

Vênus

Semente cintilante

Sob aquilo que existe

Sou vazante incorpórea

Perdidamente incapaz [...]

A que amor me dão se sou só solidão?

Gota

Pingo, respingo e preencho.

Cada pedaço meu é oceano.

Lágrima é mar de sentimento,

Mar é lágrima de nuvem,

Eu instante e lampejo,

Raio de sol sem as luzes.

Sinto-me gota,

Alheio de tudo,

A esfera do nada,

Um permeio do fim.

E dentro de mim,

É céu de marfim

Ou breu de caligem.

Somente profundo existo,

Nascente errante e sublime resto.

A força

Existe uma força
Algo que todos os dias
Me consome aos pedaços
E sinto que ando descalço
Pisando em meus cacos no chão

Existe uma força
Além da gravidade
Que me atrai para dias ruins
E de tanto sentir
Vou sumindo em meus sentimentos
Sendo apagado aos poucos

Existe uma força
Que dói até nos meus ossos
E tenho vontade de cuspi-la
Mas sou impedido
Repelido por ela

E minha força
Que somente deseja
Levar-me a forca

Tenta matar o meu desejo

Que é viver por um segundo sem dor.

O poeta morto

Jaz aqui a poesia de um homem
Do homem que fez da sua vida poesia
Que de quando em vez deixava suas mãos
Fazerem o árduo trabalho sozinhas.

Mãos que se moviam e desenhavam as letras
Letras que juntas construíam as palavras
Palavras que formavam pequenas frases
Frases que feitas em pequenos períodos
Perduravam por toda a eternidade.

Agora está em seu descanso eterno
Mas pela eternamente será lembrado
Quando em um dia o poeta morre
No outro será venerado.

Quem dera a eternidade da arte
Fosse à eternidade humana
Eu hoje teria vida eterna
E eternamente seria um poeta.

No dia que eu morrer

No dia que eu morrer

Eu vou ser poeta.

Neste dia que os estudiosos

Vão falar da minha poesia.

Neste dia minha obra será tal,

Que vão até me aludir,

Poemas que eu

Nunca escrevi.

Neste dia esse o meu nome

Sem renome,

Vai ser nome pra criança

Que só tem a mãe ou o pai.

Neste dia até quem não me conhece,

Vai passar a me conhecer,

Mais do eu

Me conheci jamais.

Neste dia eu serei mais do que fui

E mais do que poderia ser,
Mesmo se tivesse sobrevivido
A minha própria morte.

Mas noutro dia,
Alguém também vai ter essa sorte
E eu na minha casa,
Poderei descansar.

Quem sabe hoje

Quem sabe hoje
eu escreva um poema
tão apaixonante
que faça a todos se amarem.

Quem sabe hoje
eu fale de amor
como nunca antes
haveriam falado da dor.

Quem sabe hoje
eu não venda
o que é feito
somente para ser vendido.

Quem sabe hoje
as minhas palavras
tornem-se luz
iluminando a escuridão
dos que estão sendo apagados.

Quem sabe hoje

eu reflita o passado

E como um presente

preveja um futuro sem caos.

Quem sabe hoje

eu de tão insano

vença a loucura

sem ser enganado.

Quem sabe hoje

eu possa fumar

sem tragar

a morte pouco a pouco.

Quem sabe amanhã

eu possa pensar

nisso tudo de novo.

Hoje

Hoje, a revolta chorou de raiva com a utopia,
De manhã cedo com a garganta embargada de medo.

A voz emudecida após um pesadelo que assombra e agarra.
E a flor murcha de tanto ser pisoteada.

Hoje, o poeta fingidor sente a dor profundamente,
E se fingir que deveras não sente, mente.

Nasce um ódio como uma chama pulsante de morte,
Fere outros, que sangram com o gosto do sódio dos olhos.

Há uma náusea que cerra punhos prevendo luta,
Pois se o hoje existiu, eternamente haverá o amanhã.

Cinzentude

Um maldito sentimento me corrói

Lacerando cada partícula de vida

Um vazio, um silêncio, um receio.

Como poderei sair às ruas?

A poesia nunca foi tão fria

A minha alma nunca foi tão crua.

E eu que nunca fui quem eu sou

Sei que só me resta o amanhã,

E por isso temo.

Saturno

Anelar preso as correntes da imensidão

Condenado a vossa perpetuidade

Nascimentos e mortes vãs

Destino sem finalidade

Equivalente ao nada

Puramente tempo

Existo ainda

Se penso.

Caminho vazio

Caminho vazio rumo ao futuro,
Não sei quais passos vão decidir;
E quando chegar se devo partir
E se for partir, se devo chegar.

Do destino não sei nada,
Mas penso que o fim da estrada;
É denso, doloroso e iluminado,
E que lá poderei sarar os meus calos.

Meus pés tocam as pedras
E mesmo com elas a frente, não me questiono:
Apenas sigo a fonte do que é sonho.
Pesadelo é não poder caminhar!

Ele não falava de amor

Ele não falava de amor

Pois era clichê, detestável, lhe dava ânsia

Jamais rimou em seus versos

Era um poeta que se dizia livre, sendo assim

Ele não sentia, isso era um desperdício

Somente representar era preciso

Era um artista e todos o aplaudiam

Todos os dias levantava na mesma hora

Todas as noites não dormia na mesma hora

Quem o conhecia, nunca o conheceu

Nem mesmo ele, se via plenamente

Seus olhos sem alma não se liam

Aos leitores dos seus poemas dizia

— Não sou nada, nem ninguém!

Mas era, e foi um dia.

Não leia este poema

Não leia as palavras

deste desconhecido que não tem o que dizer

Não leia estes versos de um poeta

que não sabe rimar

Não leia este sofrível ser

que só tenta não sofrer com as palavras

Não leia meus olhos

Pois lá não há nada

E quando eu não atravessar a rua

Não leia a notícia no dia seguinte

Não leia este livro.

Mas a ti mesmo, leia.

E caso não suporte a leitura,

A si, reescreva.

Volúpia

Não nego o deleite.

Nas suas coxas

Eu mato minha sede.

É prazer

É encanto em textura de canto.

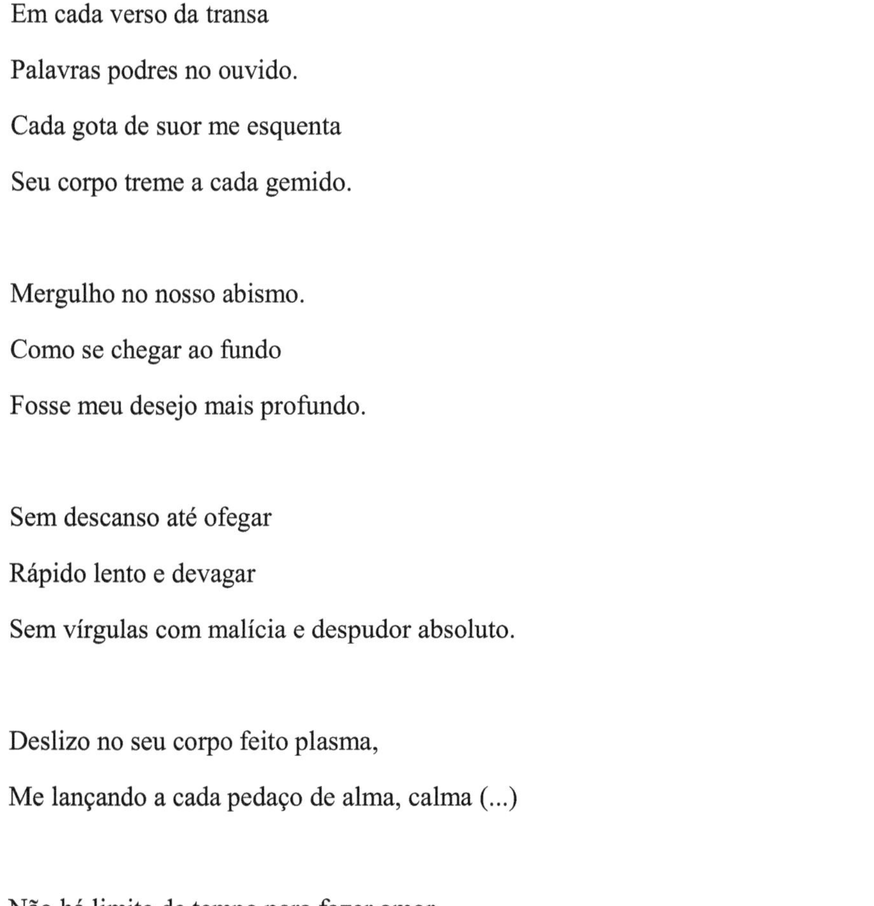

Em cada verso da transa

Palavras podres no ouvido.

Cada gota de suor me esquenta

Seu corpo treme a cada gemido.

Mergulho no nosso abismo.

Como se chegar ao fundo

Fosse meu desejo mais profundo.

Sem descanso até ofegar

Rápido lento e devagar

Sem vírgulas com malícia e despudor absoluto.

Deslizo no seu corpo feito plasma,

Me lançando a cada pedaço de alma, calma (...)

Não há limite de tempo para fazer amor.

Eu sinto

Tenho ódio do amor moderado...

Sou amante do amor desmedido,

Que faz morada em universo de infinitos,

Como mistérios se expandindo no tempo-espaço,

Como a gravidade em reciprocidade insólita.

Amor de todo e de metades em unidade ím-par [...]

Esse amor que transborda, como a luz de uma estrela,

Ou feito a lua que quando cheia, ama o céu.

A entrevista

Perguntou o entrevistador,

Mas afinal, que tipo de poeta é você?

E eu respondi com um poema.

Não sei o que sou,

Mas sei que sinto,

Não sempre sou o que sinto,

Mas sempre que sinto,

Sei que sou.

Calamo-nos os dois,

Apreciando aquele silêncio.

Adeus, sinônimo

Despedi-me do sinônimo:

Agora repito a palavra,

Mas não mato o sentimento.

Sentimento

Palavras não são coisas,

E os versos, menos que nada.

O poeta é um representante,

Da voz que sequer no silêncio se cala.

O sentimento, esse sim: autêntico.

IV

Minha Infância

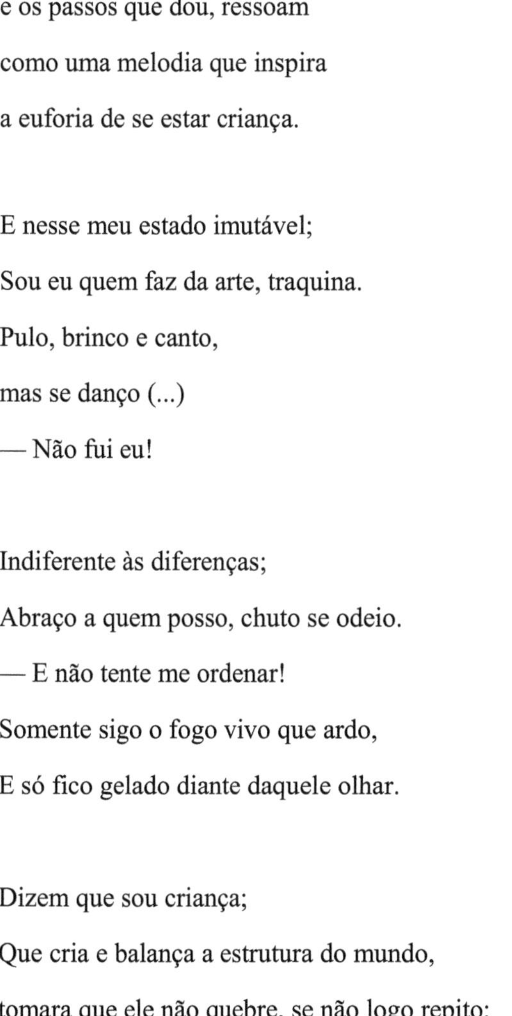

Meus pés cinzentos tocam
o chão alaranjado da terra.
e os passos que dou, ressoam
como uma melodia que inspira
a euforia de se estar criança.

E nesse meu estado imutável;
Sou eu quem faz da arte, traquina.
Pulo, brinco e canto,
mas se danço (...)
— Não fui eu!

Indiferente às diferenças;
Abraço a quem posso, chuto se odeio.
— E não tente me ordenar!
Somente sigo o fogo vivo que ardo,
E só fico gelado diante daquele olhar.

Dizem que sou criança;
Que cria e balança a estrutura do mundo,
tomara que ele não quebre, se não logo repito:
— Não fui eu! E farto a chorar.

E sei,

Criança ingênua é a que não chora,

Já que traquinagem é saber;

O momento certo de se derramar.

Sinto que sou a questão;

Se vejo uma dúvida a agarro,

E pergunto a quem não sabe,

Somente para tirar sarro,

Dos que dizem acreditar.

De todos os quebra-cabeças

Não gosto da morte!

Pois lembro que num dia um calafrio me tomou,

antes de ouvir um estalido,

quando me aproximei, vi um líquido.

Era de um vermelho empreteado que

manchava todo o vestido dela,

A mãe de tão irritada, chorava;

Ela fingiu desmaio, é claro;

Mas, o fim não foi bonito.

Minha mãe disse que ela foi-se embora,
morar em outro lugar.

E eu não entendi
como um vestido manchado,
E fingir um desmaio,
Faria uma mãe chorar.

Então, perguntei a alguém da rua,
Certo que nem me lembro da cara,
me disseram que ela morreu de doçura,
Quando em casa encontrou uma bala;
Agora odeio doces!

Momento

Chorei,

Enquanto a lágrima percorria o rosto

Dançando sob minha pele preta

Tecendo os versos mais improváveis

Entre o corpo e o sentimento da alma

Regando a vaidade descendo pelo queixo

E finalmente se despedaçando no chão frio

Permiti-me a compreensão,

Era choro de alegria.

Incabível

Sinto que sou incabível.
Quando procuro lugar, lar me falta.
Falta espaço pra sentar minha alma,
Falta caminho pra guiar os meus pés,
Falta-me vida pra viver o jamais (...)

Sinto que sou incabível,
Em uns transbordei,
Em outros não preenchi,
Fiquei então nos piores braços,
Nos meus abraços à solidão.

Sinto que sou incabível,
Tudo ainda é tão pouco, tão pouco...
Nunca vou me pertencer,
Nunca vou me caber,
Além da outra metade.

Sinto que sou incabível,
Metade riso,
Dois terços de lágrima
E um universo de fúria diante a razão.

Sinto que sou incabível.

E cada pedaço meu é imensidão.

Meu amor é o todo do mundo,

E o restante de tudo é o meu coração.

A vida é uma estrofe

A vida é uma estrofe

Fria de solidão ou

Quente de melodia;

Como chama que se ascende,

Mas se apagará um dia.

De olhos fechados

De olhos fechados

O tempo plana como a música

Reverberando seus ecos em nossos ouvidos

Uma intensa e titubeante ventania

Que carrega as flores e sopra o rosto

De olhos fechados

Amamos como o nunca

Velejando no espaço

E divagando sem esperar por nada além

do que já podemos ser

De olhos fechados

Contemplamos os nossos mundos irreais

Como se não fosse imaginário

Algo muito distante de uma criação mental

Um ser vivo pulsando como parte integrante do nós

De olhos fechados

Escuridão e clareza não se distinguem

A sabedoria e a loucura transam com o nunca

E a beleza escorre pelo tato, olfato, audição e paladar.

De olhos fechados

Respiro fundo...

E finalmente sinto-me.

Meu poema pra você

Você me diz que
nunca lhe fiz uma poesia
Que não lhe dei
palavras bonitas em versos (...)

Mas nada dizes do barulho
De festa que faz
o meu silêncio quando nos vemos

Ou quando te encaro
com esses meus olhos surdos
Ou quando respiro lento ao pé do seu ouvido.

Nada dizes quando minha boca seca
Suplica pelos seus lábios e seu beijo molhado
Ou quando nos encontramos
soltos nesses nossos abraços

E sem contar nas coisas que lhe digo sem falar
E sem dizer nas vezes que te toco sem tocar
E nos sonhos que tenho dos nossos
futuros que contamos todas às vezes

Tu dizes que jamais lhe fiz poesias de amor

Mas o que são esses momentos

Se não a mais pura poesia?

Instante

Olhos cálidos procuram-te.

Sinestésicos, movimentam-se em susto.

As pálpebras tateiam instantes,

Compondo infinitos infernos místicos,

Ondas de pensamentos sem guia,

Correm em insano ritmo de haveres,

Verdades germinam no imaginário.

As mãos sem pares tremem,

E espremem o lençol da cama,

Os pés sem pares gemem,

Sob a angústia da inteira solidão.

Os pelos da pele procuram outros poros,

Arrepios percorrem o corpo,

E quando a esperança jaz cadáver,

Em um átomo de marejo,

Ouço tua voz.

Plutão

Desintegro-me em pedaços

Dissipando aos poucos

Feito a poeira viajando

Divagando em realidades

Diante cosmos corpícos

Perpetuando o tempo que resta

Para que então,

a existência torne-se parte daquilo que sou [...]

V

Ela

Ela é o elemento principal da beleza

A circunferência nas curvas do seu corpo

As letras compartilhadas nos versos dos seus olhos

A sua alma, inteiramente é poesia.

Ela é tu do lado aposto; dentro do espelho

É o transpirar e o gozo sem nenhum defeito

O tilintar das colheres quando estamos cheios de fome de amar

É nosso mar de prazeres e sonhos

É encanto.

Ela é a musicalidade da sua voz ao ler poemas cheios de nós

É o tempo parado com vergonha de passar por esses nossos momentos

É aflora dos aforas daquilo que é tão lindo por não poder ser visto por fora,

É enlouquecer.

Ela é acalanto para os sofríveis dias e o céu quando caímos em nossos infernos

É a destreza e o cuidado para pintar-te em nossas imagens

É a profundeza da superficialidade.

Ela é, e isto basta.

Aforas

Neste mundo afora perdido
Guardo o que é mais bonito:
dentro.

Sou mistério e não encantamento;
E se isso a tolos encanta, não há culpa
em mim.

Pois, só há um pedaço de luz;
Naquela pequena fresta,
de minha quase total escuridão.

E se a moeda fosse a sabedoria?

E se a moeda fosse a sabedoria?

Quanto ganharia um professor?

Quantos de nós seriamos ricos?

O assaltante roubaria livros?

O pensamento teria mais valor?

A razão deixaria de se submeter ao amor?

O desejo seria extinto e só o necessário usado?

Quanto valeria uma ideia?

De que valeriam as guerras?

Chegar primeiro teria sentido?

E afinal quem seria derrotado?

Quão valorizado seria um gênio?

O tesouro ainda seria o ouro?

O que seria o ouro?

Quantas árvores existiriam?

Quantas espécies ainda viveriam?

O céu ainda seria azul?

O sequestro seria do cérebro?

E o resgate como seria pago?

Quem seria o presidente?

E se a moeda fosse a sabedoria,

Sua ambição seria de saber?

Sopra vento

Vento,

Sopra pra perto de mim

Toda beleza da terra que piso

Toda destreza da folha que voa

Todo sorriso sincero da vida (...)

Vento,

Sopra para longe de mim

Toda tristeza que as raízes viram

Todo mar de silêncio e angústia

Toda onda de sol sofrimento (...)

Vento,

Sopra pra dentro de mim

Somente esperança e sonho

Sonho que não descansa

E força para realizar.

Vento,

Tira de dentro de mim

Metade do que é ruim

Mas deixa uma metade
Pois é a dor que não deixa
de novo errar.

Vento (...)

A palavra não é minha

I

Advirto:

Ao que escrevo nada diz sobre a cópia,

Diz somente sobre uma história,

De quando me quis agarrar a palavra.

Amanhecia enquanto a noite acabava,

Não restava mais nada de insônia ou sono

E naquele silencio matutino, havia decidido:

— Nesse mesmo dia, vou agarrar a palavra.

II

Dito isto, montei um plano:

Apanhei o papel, a caneta e um pano.

O pano me serve pra enxugar o suor;

De resto; pensei que sabia de cor e sofri.

E nessa hora, começava a batalha:

Eu a pegava nas mãos, mas ela escapulia.

Mostrando meus medos, minha angústia
meu sofrimento e a metade que escondia.

III

Tentei persuadi-la com ela mesma:
Dizia: tente ficar, e ela nem sequer ouvia.
Chorei e nada, sorri e nada, menti e nada,
Amei e tudo; fora rasgado fora.

Sem mais saber o que fazer,
Não havia motivo para sobreviver;
Nesta danosa e dolorosa batalha;
— Morro hoje sem agarrar a palavra.

IV

No dia seguinte a minha morte,
Jazia um cadáver sem esperança;
Morri adulto, mas renasci criança,
E deixei a palavra voar solta.

Livre a palavra, não era só liberdade;
Era uma pura vontade de ser poesia,

E da noite pro dia escrevi a história,

Mas não tenho memória de onde a guardei.

Folhas de bolhas

Um dia falaram-me do verossímil,
E eu sorri profusos risos.

Contei-lhes a história das folhas de bolhas (...)

Imensas ondas esverdeadas,
Calamitosas no negrume da noite,
Que coabitam entre realvas nuas,
E dançam ao refletir a lua.

Pedaços de árvores marinhas,
São elas frutos do imensurável,
Da ínfima boniteza do sonho,
E intima leveza do senso.

Em uma fatia cruel de utopia,
Vestem versos sem palavras,
Calçam quando em vez poesia,
E despertam o universo em plena demasia.

Borbulham claro.
Folheiam tão.

Nascem, vivem e morrem,

Em uma infindável imaginação.

Órion

Flores de cores celestes

Incandescentes nuvens de luz

A morte da vida regride

Aonde lhe conduz a matéria

Em nebulosas chuvas de raio

Ou matrizes de realidades

Seguindo a sonora escuridão

Onde todas as coisas jazem.

VI

Sonoroplasmático

Enlouqueço se ensurdeço no som

Encontro à batida sentida e o tom

Arranjo mexido polido ou cuspido

Dissipo sentindo todos os sentidos movidos

Do tato até o teto vibrações e pulsação no corpo

No olfato o cheiro do novo criado perfume melódico

Visão e excitação acompanham a dança

Na língua percorre o gosto da poética sensação

Fecho os olhos e mergulho bem fundo na audição.

Silêncio (...)

A música é plasma-retórico e meu verso é uma livre e sonora canção.

Assalto

Destaco o impacto com que me atingiu
O dançante e sonolento encontro
O verde azulado daqueles sonhos pesados
A me guiar pelos seus maços miúdos
Irregular a vivacidade dos meus dias
Me encantar com o pouco da sua doçura
E me infernizar com a cor das suas curvas
Matando aos montes minha dignidade
Trepidando meu corpo preto pueril
Engolindo toda a minha descendência
Com mais violência que um animal selvagem
Destroçando o que eu acreditava ser eu
Remendando todos os meus pedaços
E me criando novo, mas sem traços.

Orquídea

Pés pregados ao chão
Livres na imensidão do tudo
Na ausência das palavras
Meu silêncio fala mais profundo
Encadeando minha profusão
Sou pólen que padece na escuridão
Um ínfimo feixe luminoso é riso
Faz de mim um organismo vivo
Sementes que dispersam sonhos
De algo vivente, sábio que depende,
Todavia, encanto celeste e bravio.

Relógio

O tempo é regente de todas as coisas (...)

Abrir os olhos, lavar o corpo, fechar a boca.
Anda então de mãos dadas a podridão.
Leva alguns e os transcende a natureza.
As flores florescem por tua causa,
Mas secam e morrem também.
O vento sopra a tua vontade,
E leva o fel ou o seu alguém.

O tempo é regente de todas as coisas (...)

Tudo que pega é seu, é jamais de outrora.
Se vive, morre e se chora, já aconteceu.
Não volta, nunca volta, se foi, passou.
Para uns é cura, para outros doença.
Em alguns vitória, para vida sentença.

O tempo é regente de todas as coisas (...)

Mas não guia seu caminho.
Não constrói a sua história.

E só te deixa sozinho no fim.

Quando te abraça, te agarra, te sufoca,

E parte, sem calor, sem dor, sem amar-te.

O tempo é regente de todas as coisas (...)

Enquanto ele passa, você passa, a vida passa.

E quando ele acaba, você acaba, a vida acaba.

E o sonho ele deixa, você realiza ou fracassa.

É seu, até não ser mais, não ter mais, graça.

O tempo é regente de todas as coisas (...)

Mas você é quem rege o seu tempo?

Córtex

Abro a caixa dos sentidos
Guardo aquelas memórias
A linguagem daqueles livros
O assobio dos passarinhos.

Abro a caixa da saudade
Penso naquele que fui
Toda aquela destreza
Caminhando no passado.

Encontro à caixa dos sonhos
Estão todos lá guardados
Talvez não os queira mais
Mas é difícil se livrar deles.

Fecho todas as caixas e suspiro.
Ainda estarão lá amanhã
E as abrirei novamente
Todos os dias.

Pluma

Enquanto o tempo plana no espaço-céu

E os anjos dançam sobre nuvens de algodão

Penso que o vento serve aos sons dos nossos destinos

Para que então, possamos pintar com nossas mãos;

Em papel de seda ou de sangue,

A alegria ou a tristeza,

Em sonho de luz ou um pesadelo de escuridão.

Ruínas

Todo o dia permito ruir o velho,

para de suas ruínas construir o moderno.

Decerto, a imutabilidade é um regresso,

Mas aviso:

A mudança não é perpétuo progresso,

desta forma; deixo-me fruir no verso.

Júpiter

Matéria intocável de renascimento.

Fruto do podre júbilo entre fel e luz,

A razão diante os ecos da anarquia,

Puramente equilíbrio, tino e cargo!

Porém, ínfimo, sofrível e inacabado.

O ímpeto abundante da alma frágil,

A soberana farsa do seu imaginário.

VII

Para nascer um poema

O que é preciso para
nascer um poema?

Dizem que é preciso amar,
Dizem que é preciso ter:
Dom, paixão, vida ou morte;
Digo que é preciso sorte.

Dizem que é preciso calma,
Dizem que é preciso tempo e mais:
Papel, caneta e talento.
Digo que depende do momento.

Dizem que eu não sei dizer,
Mas digo que para escrever,
É antes preciso ser poema,
Para então, a si fazer nascer.

Estado de consciência

Abro os olhos realmente, quando os fecho.

E vou ao fundo da minha alma...

Ouço mesmo quando é silêncio de fato

Respiro e expiro o olfato

Sei que não me vejo no espelho

E que o desespero é um lapso de tempo

Não posso ter tudo que desejo

Mas sei que basta apenas respirar,

Respirar, respirar (...)

Seguindo as interrogações,

Sem necessitar das respostas.

Engrenagem

Um produto social
Fabricado em linhas e unindo-se a peças
Se fundido as características globais
Como a TV e as notícias dos jornais
Enxergando não mais que uma projeção
Naquilo que meus olhos veem.

Fluídos percorrem meus ensejos
Como uma máquina não diferente de um veículo
Fruto da ganância engrenagem da manufaturação
A benefício do capital da produtividade e do rendimento.

Não sou por escolha, sou resultado.
Como a peça em um mercado,
Sendo vendido e comprado
Por apenas diversão (...)

Sigo sendo escravizado
E meu açoite é o atraso do salário.

Turvo

Há uma dor que corrói meus ossos.
E meus olhos clamam pela visão.
Mas em meio à escuridão,
Vejo-te turvo.

A luz distante são sinais constantes do apagamento.
É o meu eu, se liquefazendo aos pedaços.
Caminho em passos largos rumo ao final da trilha.
Não sei a que finda minha história.
Ainda procuro motivos para minha existência.

Mas paro de pensar racionalmente,
Pois sei que a razão nos enlouquece.

E quando
Finalmente encontro à luz.
Ela dançante, mais uma vez, desaparece.

Jardim de lágrimas

E se tu soubesses/
Que a lágrima é um grito?
Um grito de amor
Um grito de liberdade
Um grito de sofrimento.

A lágrima em si, é sentimento/
Inteiro sem as metades.
É o corpo ecoando verdade
Em síntese, é aquilo que/
Mostra-se somente através da alma.

A lágrima também é calma,
É um poderoso grito que alcança todos
Basta apenas ser/
Para fazer-se nascer à lágrima.

E então escorre, assim como o sangue
Ou então apenas os olhos umedece, contida
Inundando os pulmões ou regando os corações
A lágrima é um grito emudecido.

Solis

Intensamente brilhante

De raios de caracol e pele de seda

Fluindo calor aos montes

Distante, contudo constante

De beleza inigualável, sente dor

Pois vive o dia, mas a lua é o seu amor.

Printed by Books on Demand GmbH, Norderstedt / Germany